LES

DÉTENUS POLITIQUES

AU

MONT SAINT-MICHEL.

Prix : 50 centimes

AU PROFIT DES FAMILLES DES DÉTENUS POLITIQUES.

A PARIS

Chez les Éditeurs de l'*Histoire de France* d'Anquetil et Léonard Gallois;
6, boulevard Bonne-Nouvelle ;

SE TROUVE AUSSI

Dans les bureaux de *la Réforme*, 16, rue du Croissant ;
Dans les bureaux de *l'Atelier*, 11, rue Pavée-Saint-André ;
Et chez les principaux Libraires.

1843

LES

DÉTENUS POLITIQUES

AU

MONT SAINT-MICHEL.

« Les condamnés qui sont à Sainte-Pélagie redoutent par-dessus tout le transport à Melun, à Poissy, ou dans d'autres maisons centrales ; à Melun, à Poissy, les condamnés redoutent par-dessus tout leur transport à Saint-Michel, et je puis citer à cet égard un fait bien saillant, bien remarquable.

« Des détenus étaient à Poissy. Ils redoutaient d'être transférés au Mont-Saint-Michel. Que firent-ils ? Ils brisèrent avec intention une porte ; ils forcèrent avec intention un tiroir où ils prirent un canif et quelques plumes ; ils se firent traduire devant la Cour d'assises de Versailles ; et là, comme l'avocat général concluait à quelques années de détention, ils se récrièrent, et, citant le texte de la loi, ils firent voir que c'étaient les travaux forcés qu'ils avaient encourus et mérités.

« Ainsi il est un lieu en France où l'on doit être traité de telle sorte que, froidement et par suite d'un calcul fait à loisir, on préfère les travaux forcés à l'habitation de ce lieu, et c'est celui qu'on a choisi pour les condamnés politiques ! »

C'est ainsi que s'exprimait Garnier-Pagès en 1833, lorsque M. Thiers faisait jeter dans les cabanons du Mont Saint-Michel les condamnés de juin. A cette époque, M. Thiers n'avait pas encore couvert de sa responsabilité l'application du système cellulaire aux détenus politiques, cette aggravation de peine aussi odieuse qu'illégale, cette torture incessante qui aboutit à la mort ou à la folie pour le patient qui la subit.

Qu'est-ce donc que ce Mont Saint-Michel, cet enfer dont le nom se révèle dans l'histoire en pages déchirantes, à chaque mauvais gouvernement ? Que s'est-il donc passé, que se passe-t-il donc encore derrière ces sombres murailles dont l'épaisseur étouffe les plaintes des victimes? Dans l'intérêt des prisonniers, pour lesquels la rage des geôliers de tout rang ne saurait renchérir sur les supplices qu'elle leur inflige, dans celui de la légalité violée de la façon la plus révoltante par ceux qui sont chargés de veiller à son maintien, violation dont ils auront un jour à rendre un compte sévère, dans l'intérêt de l'humanité; au nom de la morale publique révoltée, il faut déchirer le voile et dire à toute la France la vérité, toute la vérité, rien que la vérité.

Mais avant d'entrer en matière, un mot sur les prisonniers politiques. En France, pays de générosité avant tout, personne n'a jamais confondu dans la même réprobation les condamnés pour opinion, ou pour faits punissables aux yeux de la loi, mais qui ne sont aux yeux de la raison qu'une des formes plus ou moins vives, plus ou moins agressives de manifester une opinion. Lorsqu'interprétant à son profit la lettre morte du Code, la Restauration envoyait Magalon à Poissy, il n'y eut qu'un cri unanime contre cette assimilation d'un condamné politique à des coupables mis au ban de la société par la nature même de leurs crimes.

En 1831, les hommes du pouvoir actuel, ceux-là même qui avaient tonné de toute la force de leurs poumons contre les rigueurs pénitentiaires de la Restauration, ne voyaient dans les détenus politiques que « des condamnés dont les crimes ne supposent pas cette perversité profonde et incorrigible qui alarme la société... dont tout le monde reconnaît que le cœur n'est pas corrompu au fond, mais n'a été égaré le plus souvent que par des passions passagères... des condamnés dont les crimes supposent plus d'audace que de perversité, plus d'inquiétude dans l'esprit que de corruption dans le cœur, plus de passions en un mot que de vices. »

M. Dumon, organe de la commission chargée d'examiner les modifications proposées au Code pénal par le gouvernement, s'écriait encore :

« Eussiez-vous en votre possession un lieu de déportation, y pourriez-vous envoyer les condamnés pour des crimes politiques? Personne n'ignore le régime de la colonie de Botany-Bay. Les condamnés ne jouissent pas d'une liberté complète ; plus de moitié est dans les prisons ; ce n'est guère pour eux qu'un bagne au bout du monde... Est-ce là le régime auquel vous voulez soumettre les condamnés politiques? Ces condamnés qui, après tout, sont plus dangereux que coupables, vous voudriez les traiter comme des forçats? Non sans doute, Messieurs, et eussiez-vous une colonie de Botany-Bay, il faudrait enlever au gouvernement la faculté de punir aussi sévèrement les condamnés politiques. »

Ainsi, en 1831, tous les partisans du pouvoir étaient d'accord avec lui sur ce point que les détenus pour crimes politiques avaient droit à plus d'égards, à moins de sévérité que les détenus pour crimes ordinaires. Comment ce principe a-t-il été appliqué depuis? nous le dirons tout à l'heure. Mais avant d'en arriver à retracer des faits odieux, des actes d'une sauvagerie révoltante, nous devons dire quelques mots du système cellulaire auquel sont soumis non-seulement les hommes du 12 mai, condamnés à la déportation ou à la détention à temps, mais encore des condamnés à des peines correctionnelles; monstruosité illégale dont on n'aurait pas à rougir pour ceux qui s'en rendent coupables dans un pays où l'exécution des lois serait sérieuse et réelle.

La peine de la détention dans une forteresse de l'Etat

entraîne-t-elle pour le prisonnier l'isolement absolu? Il suffit d'ouvrir nos Codes pour reconnaître que non.

L'article 20 du Code pénal porte que « le condamné à « la détention *communiquera avec les personnes placées* « *dans l'intérieur du lieu de la détention ou avec celles du* « *dehors,* conformément aux règlements de police établis « par une ordonnance du roi. »

L'article 614 du Code d'instruction criminelle dit :

« Si quelque prisonnier use de menaces, injures ou « violence, soit à l'égard du gardien ou de ses préposés, « soit à l'égard des autres prisonniers, il sera, sur les « ordres de qui il appartiendra, *resserré plus étroitement,* « ENFERMÉ SEUL, même mis aux fers en cas de fureur ou « de violence grave, etc... »

Est-ce dans ces textes qu'on trouve la consécration du système cellulaire? Est-ce d'après l'article 20 du Code pénal qu'on peut empêcher toute communication du détenu avec ses co-détenus? Est-ce l'article 614 qui permet d'enfermer seul, et cela pendant toute la durée de sa peine, le prisonnier qui ne s'est pas attiré cette aggravation de châtiment, soit par des menaces, soit par des injures, soit enfin par des violences envers les personnes dont il est entouré? S'il en était ainsi, il faudrait déchirer toutes nos lois, et ne reconnaître d'autres règles que l'arbitraire du bon plaisir gouvernemental.

Il résulte de la lettre et de l'esprit de nos lois fondamentales que les prisonniers doivent communiquer avec les personnes placées dans l'intérieur du lieu de la détention ou avec celles du dehors; qu'*ils ne peuvent être* ENFERMÉS SEULS que dans des cas graves où ils auraient mérité cette punition, qui n'est infligée d'ailleurs que pour un laps de temps très-court. Soumettre les condamnés politiques à l'emprisonnement solitaire, créer spécialement pour eux une aggravation de peine, ajouter à l'emprisonnement un supplice plus cruel encore, la séquestration , c'est violer outrageusement, et les lois de l'humanité, et les règles de la justice. Quand on veut donner une tombe pour cachot à l'homme que l'on craint, il est plus humain, plus généreux de l'envoyer à l'échafaud, que de le torturer ainsi.

M. Dumon n'admettait pas que le régime pénitentiaire pût s'introduire en France sans que, par une conséquence très-logique , une *nouvelle échelle pénale fût dressée en conséquence de ses effets.*

M. Vatout, demandant l'abolition de la peine de mort, trouvait dans la solitude imposée à un assassin, dans cette absence de tout ce qui rappelle la vie, qui se fait si cruellement sentir dans l'isolement, un assez grand supplice , un gage suffisant pour la société contre cet assassin dont il ne voulait pas livrer la tête au bourreau. Aux yeux de M. Vatout, la séquestration solitaire équivaut à la peine de mort!

M. Gasparin a flétri, lui aussi, et très-énergiquement, ce système cellulaire que plus tard il est venu appliquer spécialement aux détenus politiques.

« Les inconvénients de la séquestration absolue, di-
« sait-il le 6 septembre 1836, avaient déjà été signalés
« chez les peuples qui l'avaient essayée. Abandonné à
« lui-même, tournant dans le cercle de ses idées, on
« voyait souvent le prisonnier désespéré tomber dans la
« démence. En voulant réformer cette intelligence dé-
« chue, la société n'avait pas prétendu la tuer. Ces effets,
« observés chez des nations moins communicatives que
« la nôtre, se seraient aggravés chez nous de toute l'ac-
« tivité d'esprit, de toute la sociabilité qui sont le carac-

« tère de notre population. *Un tel moyen ne pouvait être*
« *adopté.* »

Le système cellulaire est donc apprécié sainement par
ceux-là même qui s'en font une arme politique contre
des détenus politiques. C'est une peine à part, plus ter-
rible que le bagne, moins à redouter que la mort, une
peine qui n'existe pas dans nos Codes. En admettant que
cette peine pût un jour être constitutionnellement in-
scrite dans nos lois, ce jour-là il faudra modifier à l'instant
l'échelle pénale actuelle. Remplacer une condamnation
à cinq, dix, vingt ans de détention ou de réclusion par
cinq, dix et vingt ans d'emprisonnement solitaire, ce
serait aggraver outre mesure les moyens de répression
que la société emploie contre les coupables; ce serait
plus que doubler la peine, car ce serait convertir un
simple moyen correctif en un supplice intolérable.

En Danemarck, trois jours d'emprisonnement solitaire sont considérés comme une torture. Voilà plus de
quatre ans que les détenus du Mont Saint-Michel y sont
soumis !

Le système cellulaire tue à la fois l'intelligence et la
vie. Sur vingt détenus libérés de Philadelphie, en 1833,
deux étaient devenus fous et un idiot.

Sur vingt et quelques détenus politiques soumis au
régime cellulaire, au Mont Saint-Michel, trois, Austen,
Bordon et Charles, sont devenus fous; Bordon a recou-
vré un instant la raison lorsqu'on l'a eu placé avec un
autre détenu;

Un, Steuble, s'est suicidé;

Un autre, Bezenac, a essayé de se suicider.

Barbès, Blanqui, Petermann, Fombertault ont vu
leur santé ruinée inspirer à leurs amis les plus vives
inquiétudes. On a même été obligé de tranférer Barbès

à Nîmes, et Fombertault à Doulens. Enfin, ceux qui sont moins éprouvés par la solitude n'en sont pas moins dans une situation hygiénique déplorable.

Privés d'exercice, renfermés dans des chambres de 2 mètres 80 centimètres de long sur 1 mètre 80 centimètres de large percées d'une meurtrière de 24 centimètres de largeur sur 66 de hauteur et garnie de barreaux à l'extérieur et à l'intérieur, respirant un air putride auquel se mêlent les exhalaisons méphitiques du baquet qui sert à tous leurs besoins, et n'est vidé que toutes les vingt-quatre heures, exposés pendant l'hiver au vent et à la fumée, les malheureux détenus politiques du Mont Saint-Michel voient leur ventre grossir par suite du défaut de mouvement, tandis que leurs jambes s'amaigrissent au point de pouvoir à peine les soutenir. Les cachots du Mont Saint-Michel engendrent l'hydropisie ; c'est le médecin officiel de cet horrible lieu qui l'a proclamé. Voilà un des résultats du système cellulaire en vigueur dans une prison si malsaine déjà par elle-même que plusieurs des condamnés de juin 1832, que l'on n'avait pas imaginé de séquestrer, sont morts des suites de l'étisie qu'ils y ont contractée. Nous pouvons notamment citer Lepage, un des plus robustes forts de la halle, qui est venu mourir à Bicêtre, fou et phthisique au dernier degré, des suites de sa captivité au Mont Saint-Michel.

C'est dans les cellules que nous venons de décrire que le prisonnier politique est condamné à passer vingt-trois heures sur vingt-quatre. Il ne voit d'autres figures humaines que celles des geôliers qui viennent à six et neuf heures du matin, et à quatre heures du soir, lui porter sa nourriture, et qui depuis sept heures du soir jusqu'à cinq du matin font de deux heures en deux heures des rondes qu'annonce le bruit des portes qui se ferment avec fracas et le grincement des verroux, rondes qui interrompent chaque fois le sommeil du prisonnier ; il n'entend d'autres voix que le cri de : « Prenez garde à vous » des sentinelles, répété de dix minutes en dix minutes ; et quand vient l'instant de promenade solitaire qui lui est accordé, quand il peut enfin respirer un air moins vicié que celui de son cachot, veut-on savoir où il lui est permis de porter ses pas ? Il a pour tout prome noir une petite cour de dix pas de long, appelée *le saut Gauthier*, ou bien une galerie percée de meurtrières qu'on nomme *l'aire de plomb*. Il y a bien une grande cour, *la plate-forme*, la seule de toute la prison où le détenu puisse prendre l'air. Les voleurs ont la faculté d'y venir ensemble et deux fois par jour ; quant au prisonnier politique, elle lui est absolument interdite.

L'on croira, sans doute, qu'il était impossible de rien imaginer de plus barbare, de plus sauvage, pour des hommes dont les crimes, pour nous servir d'une expression de M. Dumon, ne supposent pas cette perversité profonde et incorrigible qui alarme la société: l'on se tromperait. Les cellules sont de véritables lieux de plaisance, comparativement aux loges et aux cachots.

Les loges sont, sous un autre nom, ces *plombs* de Venise auxquels on ne peut songer sans frémir. Placées au Nord, sous les toits, à plus de cent mètres d'élévation, elles sont exposées en hiver aux vents d'Ouest, si violents sur les côtes de la Manche ; elles deviennent alors de véritables glacières. En été, lorsque les rayons du soleil dardent d'aplomb sur la toiture, ce sont d'ardentes fournaises où la chaleur devient intolérable. Dans ces épouvantables réduits de deux mètres carrés, le prisonnier n'a pour tous meubles qu'un baquet et un matelas de bourre, épais tout au plus de cinq centimètres, et sur lequel grouille toute espèce de vermine ; il est obligé de s'y tenir constamment couché, car il ne peut rester debout dans ces horribles cabanons. Le condamné que l'arbitraire du directeur a jeté aux loges n'a même plus la faible consolation d'une heure de promenade, d'une heure pendant laquelle il peut se chauffer aux rayons du soleil, voir le ciel au-dessus de sa tête, sans qu'une triple rangée de barreaux et de grilles vienne s'interposer entre la lumière et sa vue débilitée.

Quant aux cachots, calqués sans doute sur le modèle des puits de Venise, ce sont de véritables tombes souterraines, où le prisonnier, dévoré par les rats et les insectes de toute espèce, endure l'humidité dans tout ce qu'elle a de plus malfaisant. L'eau suinte goutte à goutte des voûtes de cet *in pace* de deux mètres carrés ; on descend dans ces tombeaux à l'aide d'une échelle, et une immense trappe, sur laquelle on visse un arbre énorme, en bouche hermétiquement l'entrée. Dans ces oubliettes, à peine éclairées par de faibles jours de souffrance, les voûtes sont si basses qu'il est impossible à un homme de la plus petite taille de s'y tenir debout. « Je n'ai jamais « vu sans frémir, disait le précédent aumônier du Mont « Saint-Michel, conduire des détenus dans ces cachots ; « car, lorsqu'on devait y prolonger leur réclusion, j'étais « presque certain qu'on ne les en retirerait que pour les « transporter à l'infirmerie et de là au cimetière. »

Voilà ce qu'est aujourd'hui le Mont Saint-Michel pour les détenus politiques. Nous allons apprendre maintenant à nos concitoyens comment ils y sont traités. Nous tenons les faits d'un des patients qui y ont été victimes du système cellulaire.

Amené au Mont Saint-Michel dans des voitures cellulaires, le détenu politique est d'abord minutieusement fouillé ; une fois incarcéré dans sa cellule, il se trouve tout à fait à la discrétion du directeur et de ses subordonnés ; à la moindre plainte, au moindre murmure de la part d'hommes qui connaissent leurs droits et qui ont le sentiment de leur dignité personnelle, le directeur les fait jeter aux loges ou aux cachots, pour huit, dix, quinze jours ; on les y laisse pendant tout ce temps au pain et à l'eau, et sans leur dire quel sera le terme de ce surcroît de captivité. Parfois aussi, et le directeur Thurier l'a fait, on les met aux fers, c'est-à-dire qu'on leur emprisonne les pieds et les mains dans des espèces de brodequins de fer pesant trente kilogrammes et qui paralysent tous les mouvements. Là encore les rondes des gardiens viennent troubler le sommeil des patients assez heureux pour y trouver un instant de repos ; mais, par un raffinement de barbarie auquel on aura peine à croire, à chaque ronde ceux-ci touchent et agitent fortement les chaînes du prisonnier, pour voir s'il ne les a pas rompues. Dans le seul espace d'un an, de mai 1841 à mai 1842, la plupart des prisonniers du Mont Saint-Michel ont été mis quatre fois aux cachots par M. le directeur Thurier ; ils y ont passé dix jours la première fois, quinze jours la seconde, dix la troisième, dix-sept la quatrième. Dans le même espace de temps ils ont passé trois mois aux loges !

Dans le principe, les meurtrières servant de fenêtres aux cellules étaient garnies de barreaux à l'extérieur seulement. Un jour, le 18 avril, le directeur Thurier fit appeler douze condamnés politiques, au nombre desquels était Barbès ; on leur déclara que des réparations à faire aux cellules nécessitaient leur transférement dans une autre partie du bâtiment, sans qu'aucune idée de punition fût attachée à ce transférement. Un détenu,

Delsade, ayant voulu faire une observation : « *Enlevez-* « *moi cet homme-là,* » s'écria le directeur, et alors les gardiens se ruèrent sur lui comme des bêtes fauves ; le gardien-chef lui porta un coup de sabre, et il l'aurait peut-être achevé si les autres gardiens ne l'en eussent empêché. Les réparations qu'on voulait faire aux cellules consistaient dans une nouvelle rangée de barreaux, placée à l'intérieur de la fenêtre, et partant du plancher jusqu'à la voûte ; et, comme si ce n'était pas assez de circonscrire ainsi le peu d'espace où pouvait se mouvoir le détenu, on avait cru devoir mettre à l'extérieur de la meurtrière un grillage à mailles très-serrées, destiné à empêcher le jour et l'air de pénétrer dans ces tristes demeures. C'est pour laisser accomplir ces soi-disant réparations que douze détenus passèrent plus d'un mois aux loges.

Il existait à la porte des loges une étroite lucarne dont avaient, de tous les temps, profité les voleurs ; le 21 mai, Barbès, rentrant dans son cabanon, après l'heure de promenade habituelle (1), s'aperçut qu'on l'avait bouchée. Il demanda à parler au directeur avant d'y entrer ; pour toute réponse M. Thurier donna l'ordre à quinze gardiens et à des soldats de s'emparer de Barbès et de le traîner violemment dans les cachots. Alors commença une scène horrible. Barbès fut frappé, et *traîné par les cheveux et par la barbe jusqu'aux cachots.* Martin Bernard et Delsade, dont la cellule était ouverte en ce moment, manifestèrent hautement leur indignation de ces horribles traitements ; les gardiens se précipitèrent sur eux, les maltrai-

---

(1) Bien qu'aux loges, Barbès n'était pas alors privé de la promenade, car on se rappelle qu'aucune idée de punition n'avait présidé à ce transfèrement aux loges, pour cause de réparations.

tèrent comme Barbès, et les jetèrent tout meurtris dans ces affreuses oubliettes.

Le lendemain 22, le détenu Flotte, mis au Mont Saint-Michel, bien qu'il n'eût été condamné que correctionnellement à deux ans de prison, Flotte qui apprenait seulement alors la longue détention aux loges de ses camarades et les violences de la veille, demanda à parler au directeur. Celui-ci le reçut, entouré de dix gardiens. « Que me voulez-vous ?. dit-il. — Je viens savoir s'il est vrai que vous laissiez à jamais mes camarades aux loges ? »

A peine Flotte s'était-il exprimé ainsi que M. Thurier, dont nous ne saurions trop de fois rappeler le nom, dit à ses gardiens : « F..... cet homme au cachot et mettez-lui les fers. » Alors les geôliers se ruèrent sur Flotte, le terrassèrent, lui firent rouler, comme une boule, quatre-vingts degrés de granit, le firent ensuite remonter, en le tenant au collet et l'accablant de coups de pied, de poing et de plat de sabre. Ils le jetèrent au cachot, après l'avoir dépouillé de tous ses vêtements, qu'il dût remplacer par le costume des voleurs.

Aux cris de Flotte, à ses gémissements, les autres détenus exaspérés avaient essayé de briser les portes de leurs cellules ; les gardiens accourent, se jettent sur eux, se précipitent sur Charles, sur Bordon qu'ils renversent, et sur la figure et le corps duquel ils frappent à coups de pied ; tous les autres détenus sont mis aux loges, la plupart avec les fers aux pieds et aux mains, par simple mesure de précaution ; ils y demeurèrent quinze jours au pain et à l'eau.

Voilà ce qui s'est passé, voilà ce qui se passe encore aujourd'hui dans un pays civilisé où le gouvernement affecte à tout propos des airs d'humanité. Au mépris de toutes les lois on y inflige impunément des supplices illégaux, odieux, à des hommes qui ont plus que tous autres droit à des égards, à des hommes dont M. Thiers disait en 1835 : « Nous leur avons fait, soit à Saint-Michel, quand « ils étaient coupables de grands crimes politiques, soit « à Paris, quand ils n'étaient coupables que de simples « délits politiques, nous leur avons fait une existence à « part, telle qu'ils pourraient la désirer... J'ai voulu « réaliser à leur égard les vœux que nous avions formés « pendant quinze ans ; j'ai voulu qu'ils ne fussent pas « comme de simples détentionnaires, comme Magalon « l'avait été par exemple, assujettis à faire des chapeaux « de paille... Sous la Restauration nous avons été indi- « gnés de voir des condamnés politiques traités comme « des voleurs, comme les autres détentionnaires. Je n'ai « pas voulu qu'on pût, sous le régime actuel, élever les « mêmes plaintes ; je n'ai pas voulu que ces hommes, qui « avaient attaqué la garde nationale et versé le sang de « leurs concitoyens, fussent assimilés dans nos prisons « avec les autres malfaiteurs. »

Malheureusement pour lui, M. Thiers ne s'est pas toujours piqué de logique : c'est sous son ministère que les condamnés politiques ont été traités comme ne le sont ni les voleurs ni les autres détentionnaires. M. Thiers a à revendiquer sa part de responsabilité dans l'application illégale et haineuse du système cellulaire faite à nos amis exclusivement.

Nous avons dit que les détenus politiques ont été quatre fois aux cachots dans l'espace de moins d'un an ; chaque protestation contre les barreaux et le grillage dont on avait gratifié inutilement leurs cellules les y faisait mettre de nouveau. Quand, exténués, rongés par la vermine, dans un état de santé déplorable, ils subirent la force brutale contre laquelle se révoltait leur intelligence, ils eurent la douleur d'apprendre que Charles et Bordon étaient devenus fous!

A cette époque, le directeur du Mont-Saint-Michel fut changé; le nouveau directeur donna aux détenus de ces témoignages d'humanité qu'on ne pouvait autoriser envers eux: il a été remplacé. Ce nouveau directeur avait permis aux prisonniers, aigris par tant de souffrances, de se promener deux à deux; ceux-ci considérèrent cette amélioration comme un immense bienfait.

Ce directeur était venu à Paris recevoir des instructions : quelle était la nature de celles qui lui furent données au ministère? C'est un secret que personne n'a pénétré : nous croyons savoir cependant que, pour mettre à couvert sa responsabilité, que ces ordres impitoyables pouvaient compromettre chaque jour, à chaque instant, et ne s'en rapportant pas à des instructions qu'on ne voulut lui donner que verbalement, il demanda vainement par écrit des instructions explicatives de celles-ci, bien impitoyables sans doute puisqu'elles l'effrayaient lui-même. Ces instructions écrites on les lui a refusées, et alors il s'est retiré.

Il ne faudrait pas croire qu'avec lui ont cessé les mauvais traitements: l'an dernier, pendant quatre mois d'une chaleur torride, les détenus politiques ont été aux loges. Veut-on savoir quel crime les y a conduits? Un détenu riait dans la cour; l'inspecteur lui demanda d'un ton peu poli si c'était de lui qu'il riait; une altercation s'engagea; les détenus qui l'entendaient de leurs cellules furent, au nombre de seize, conduits aux loges pour avoir, par leurs cris, pris fait et cause pour leur camarade et protesté contre le régime cellulaire; deux furent exceptés : Petermann et Fombertault que le médecin considérait comme ayant à peine quinze jours à vivre. Barbès n'est sorti de là que mourant, pour aller respirer un air moins malsain sous d'autres climats, mais pour retrouver à la maison centrale de Nîmes le système cellulaire du Mont Saint-Michel, aggravé, si c'est possible, par d'incroyables tortures qui rappellent celles de l'inquisition, et qui sont écloses dans la tête des Frères ignorantins chargés de la police et de la garde de cette maison.

Que s'est-il encore passé depuis dix mois au Mont Saint-Michel? On l'ignore. Les correspondances des détenus, maculées par la censure du greffe, ne pouvaient rien apprendre à cet égard. Dans deux ans, quelque détenu sortira vivant comme par miracle de cet enfer, à la porte duquel on a écrit pour les hommes politiques : *Lasciate ogni speranza, o voi ch'intrate*; dans deux ans peut-être apprendrons-nous de nouvelles horreurs, de nouvelles barbaries. Jusque-là les cachots seront muets; le bon plaisir du directeur, le sabre des gardiens seront la seule loi d'une prison où tout est régi par une influence occulte, où tout est marqué au coin de la vengeance qui s'assouvit.

Il est temps, ce nous semble, d'appeler l'attention de la presse, celle des Chambres elles-mêmes, si tant est que cette attention puisse être éveillée par d'autres questions que celles de personnes, d'appeler enfin l'attention du pays tout entier sur des faits que la morale, l'humanité et la justice réprouvent également.

Si le système cellulaire était un fait normal, nous serions en droit, en vertu des principes posés par tous les hommes qui ont occupé le pouvoir depuis 1830, de réclamer en faveur des prisonniers politiques une exception à cette exorbitante pénalité. Mais quand nous voyons que c'est à eux, et à eux seulement, qu'on applique un régime qui tue, nous devons hautement invoquer la vindicte publique contre tous ceux qui, de gaîté de cœur, infligent un tel supplice à ceux que leur malheur même, que les lois devraient protéger contre la force brutale. Le système cellulaire, c'est la violence mise à la place du droit. Dans tout pays où les lois ne sont pas un leurre, il est fait justice de la violence.

C'est donc un devoir pour tous les bons citoyens de demander la punition éclatante de ceux qui ont ainsi torturé de pauvres prisonniers, hors d'état de résister, et qui ont aggravé leur peine au mépris de toutes les lois.

« Les peines, disait en 1833 M. Dupin aîné, ne sont « pas une affaire de fantaisie ; les tribunaux ne condam- « nent plus à des peines arbitraires... Dans l'exécution, « tout ce qui serait ajouté à la rigueur des lois serait « BARBARIE, FORFAITURE ; il y aurait lieu à plainte et à « procéder contre celui qui ordonnerait ou qui exécute- « rait des choses qui tendraient à aggraver la peine pro- « noncée par l'arrêt et déterminée par la loi. »

Oui, il y a lieu à plainte et à procéder contre les fauteurs et les exécuteurs de tant de barbaries assouvies sur les prisonniers politiques ; espérons que le jour de la justice viendra pour tous.

Le Mont Saint-Michel renferme encore aujourd'hui vingt-deux ou vingt-quatre détenus politiques, sur lesquels toutes les tortures possibles ont été appliquées ; espérons que les lignes que nous venons d'écrire contribueront à faire améliorer leur situation. La France est avant tout un pays d'humanité ; le langage que nous lui tenons ici, c'est celui de l'humanité : il sera entendu.

PARIS.—Imprimerie d'A. RENÉ et Comp., rue de Seine, 32.